BILL PAYMENTS TRACKER

MONTH: /

PAID	BILL	DUE DATE	AMT DUE	AMT PAID	UNPAID BALANCE	NOTE
☐			$	$	$	
☐			$	$	$	
☐			$	$	$	
☐			$	$	$	
☐			$	$	$	
☐			$	$	$	
☐			$	$	$	
☐			$	$	$	
☐			$	$	$	
☐			$	$	$	
☐			$	$	$	
☐			$	$	$	
☐			$	$	$	
☐			$	$	$	
☐			$	$	$	
☐			$	$	$	
☐			$	$	$	
☐			$	$	$	
☐			$	$	$	
☐			$	$	$	
☐			$	$	$	
☐			$	$	$	
☐			$	$	$	
☐			$	$	$	
☐			$	$	$	
☐			$	$	$	
☐			$	$	$	
☐			$	$	$	
☐			$	$	$	
☐			$	$	$	
		TOTAL	$	$	$	

BILL PAYMENTS TRACKER

MONTH: ______ / ______

PAID	BILL	DUE DATE	AMT DUE	AMT PAID	UNPAID BALANCE	NOTE
☐			$	$	$	
☐			$	$	$	
☐			$	$	$	
☐			$	$	$	
☐			$	$	$	
☐			$	$	$	
☐			$	$	$	
☐			$	$	$	
☐			$	$	$	
☐			$	$	$	
☐			$	$	$	
☐			$	$	$	
☐			$	$	$	
☐			$	$	$	
☐			$	$	$	
☐			$	$	$	
☐			$	$	$	
☐			$	$	$	
☐			$	$	$	
☐			$	$	$	
☐			$	$	$	
☐			$	$	$	
☐			$	$	$	
☐			$	$	$	
☐			$	$	$	
☐			$	$	$	
☐			$	$	$	
☐			$	$	$	
☐			$	$	$	
	TOTAL		$	$	$	

BILL PAYMENTS TRACKER

MONTH: ___ / ___

PAID	BILL	DUE DATE	AMT DUE	AMT PAID	UNPAID BALANCE	NOTE
☐			$	$	$	
☐			$	$	$	
☐			$	$	$	
☐			$	$	$	
☐			$	$	$	
☐			$	$	$	
☐			$	$	$	
☐			$	$	$	
☐			$	$	$	
☐			$	$	$	
☐			$	$	$	
☐			$	$	$	
☐			$	$	$	
☐			$	$	$	
☐			$	$	$	
☐			$	$	$	
☐			$	$	$	
☐			$	$	$	
☐			$	$	$	
☐			$	$	$	
☐			$	$	$	
☐			$	$	$	
☐			$	$	$	
☐			$	$	$	
☐			$	$	$	
☐			$	$	$	
☐			$	$	$	
☐			$	$	$	
☐			$	$	$	
☐			$	$	$	
		TOTAL	$	$	$	

BILL PAYMENTS TRACKER

MONTH: _____ / _____

PAID	BILL	DUE DATE	AMT DUE	AMT PAID	UNPAID BALANCE	NOTE
☐			$	$	$	
☐			$	$	$	
☐			$	$	$	
☐			$	$	$	
☐			$	$	$	
☐			$	$	$	
☐			$	$	$	
☐			$	$	$	
☐			$	$	$	
☐			$	$	$	
☐			$	$	$	
☐			$	$	$	
☐			$	$	$	
☐			$	$	$	
☐			$	$	$	
☐			$	$	$	
☐			$	$	$	
☐			$	$	$	
☐			$	$	$	
☐			$	$	$	
☐			$	$	$	
☐			$	$	$	
☐			$	$	$	
☐			$	$	$	
☐			$	$	$	
☐			$	$	$	
☐			$	$	$	
☐			$	$	$	
☐			$	$	$	
	TOTAL		$	$	$	

BILL PAYMENTS TRACKER

MONTH: ____ / ____

PAID	BILL	DUE DATE	AMT DUE	AMT PAID	UNPAID BALANCE	NOTE
☐			$	$	$	
☐			$	$	$	
☐			$	$	$	
☐			$	$	$	
☐			$	$	$	
☐			$	$	$	
☐			$	$	$	
☐			$	$	$	
☐			$	$	$	
☐			$	$	$	
☐			$	$	$	
☐			$	$	$	
☐			$	$	$	
☐			$	$	$	
☐			$	$	$	
☐			$	$	$	
☐			$	$	$	
☐			$	$	$	
☐			$	$	$	
☐			$	$	$	
☐			$	$	$	
☐			$	$	$	
☐			$	$	$	
☐			$	$	$	
☐			$	$	$	
☐			$	$	$	
☐			$	$	$	
☐			$	$	$	
☐			$	$	$	
		TOTAL	$	$	$	

BILL PAYMENTS TRACKER

MONTH: /

PAID	BILL	DUE DATE	AMT DUE	AMT PAID	UNPAID BALANCE	NOTE
☐			$	$	$	
☐			$	$	$	
☐			$	$	$	
☐			$	$	$	
☐			$	$	$	
☐			$	$	$	
☐			$	$	$	
☐			$	$	$	
☐			$	$	$	
☐			$	$	$	
☐			$	$	$	
☐			$	$	$	
☐			$	$	$	
☐			$	$	$	
☐			$	$	$	
☐			$	$	$	
☐			$	$	$	
☐			$	$	$	
☐			$	$	$	
☐			$	$	$	
☐			$	$	$	
☐			$	$	$	
☐			$	$	$	
☐			$	$	$	
☐			$	$	$	
☐			$	$	$	
☐			$	$	$	
		TOTAL	$	$	$	

BILL PAYMENTS TRACKER

MONTH: /

PAID	BILL	DUE DATE	AMT DUE	AMT PAID	UNPAID BALANCE	NOTE
☐			$	$	$	
☐			$	$	$	
☐			$	$	$	
☐			$	$	$	
☐			$	$	$	
☐			$	$	$	
☐			$	$	$	
☐			$	$	$	
☐			$	$	$	
☐			$	$	$	
☐			$	$	$	
☐			$	$	$	
☐			$	$	$	
☐			$	$	$	
☐			$	$	$	
☐			$	$	$	
☐			$	$	$	
☐			$	$	$	
☐			$	$	$	
☐			$	$	$	
☐			$	$	$	
☐			$	$	$	
☐			$	$	$	
☐			$	$	$	
☐			$	$	$	
☐			$	$	$	
☐			$	$	$	
☐			$	$	$	
		TOTAL	$	$	$	

BILL PAYMENTS TRACKER

MONTH: _____ / _____

PAID	BILL	DUE DATE	AMT DUE	AMT PAID	UNPAID BALANCE	NOTE
☐			$	$	$	
☐			$	$	$	
☐			$	$	$	
☐			$	$	$	
☐			$	$	$	
☐			$	$	$	
☐			$	$	$	
☐			$	$	$	
☐			$	$	$	
☐			$	$	$	
☐			$	$	$	
☐			$	$	$	
☐			$	$	$	
☐			$	$	$	
☐			$	$	$	
☐			$	$	$	
☐			$	$	$	
☐			$	$	$	
☐			$	$	$	
☐			$	$	$	
☐			$	$	$	
☐			$	$	$	
☐			$	$	$	
☐			$	$	$	
☐			$	$	$	
☐			$	$	$	
☐			$	$	$	
☐			$	$	$	
☐			$	$	$	
	TOTAL		$	$	$	

BILL PAYMENTS TRACKER

MONTH: _____ / _____

PAID	BILL	DUE DATE	AMT DUE	AMT PAID	UNPAID BALANCE	NOTE
☐			$	$	$	
☐			$	$	$	
☐			$	$	$	
☐			$	$	$	
☐			$	$	$	
☐			$	$	$	
☐			$	$	$	
☐			$	$	$	
☐			$	$	$	
☐			$	$	$	
☐			$	$	$	
☐			$	$	$	
☐			$	$	$	
☐			$	$	$	
☐			$	$	$	
☐			$	$	$	
☐			$	$	$	
☐			$	$	$	
☐			$	$	$	
☐			$	$	$	
☐			$	$	$	
☐			$	$	$	
☐			$	$	$	
☐			$	$	$	
☐			$	$	$	
☐			$	$	$	
☐			$	$	$	
☐			$	$	$	
		TOTAL	$	$	$	

BILL PAYMENTS TRACKER

MONTH: _____ / _____

PAID	BILL	DUE DATE	AMT DUE	AMT PAID	UNPAID BALANCE	NOTE
☐			$	$	$	
☐			$	$	$	
☐			$	$	$	
☐			$	$	$	
☐			$	$	$	
☐			$	$	$	
☐			$	$	$	
☐			$	$	$	
☐			$	$	$	
☐			$	$	$	
☐			$	$	$	
☐			$	$	$	
☐			$	$	$	
☐			$	$	$	
☐			$	$	$	
☐			$	$	$	
☐			$	$	$	
☐			$	$	$	
☐			$	$	$	
☐			$	$	$	
☐			$	$	$	
☐			$	$	$	
☐			$	$	$	
☐			$	$	$	
☐			$	$	$	
☐			$	$	$	
☐			$	$	$	
☐			$	$	$	
☐			$	$	$	
		TOTAL	$	$	$	

BILL PAYMENTS TRACKER

MONTH: /

PAID	BILL	DUE DATE	AMT DUE	AMT PAID	UNPAID BALANCE	NOTE
☐			$	$	$	
☐			$	$	$	
☐			$	$	$	
☐			$	$	$	
☐			$	$	$	
☐			$	$	$	
☐			$	$	$	
☐			$	$	$	
☐			$	$	$	
☐			$	$	$	
☐			$	$	$	
☐			$	$	$	
☐			$	$	$	
☐			$	$	$	
☐			$	$	$	
☐			$	$	$	
☐			$	$	$	
☐			$	$	$	
☐			$	$	$	
☐			$	$	$	
☐			$	$	$	
☐			$	$	$	
☐			$	$	$	
☐			$	$	$	
☐			$	$	$	
☐			$	$	$	
☐			$	$	$	
		TOTAL	$	$	$	

BILL PAYMENTS TRACKER

MONTH: /

PAID	BILL	DUE DATE	AMT DUE	AMT PAID	UNPAID BALANCE	NOTE
☐			$	$	$	
☐			$	$	$	
☐			$	$	$	
☐			$	$	$	
☐			$	$	$	
☐			$	$	$	
☐			$	$	$	
☐			$	$	$	
☐			$	$	$	
☐			$	$	$	
☐			$	$	$	
☐			$	$	$	
☐			$	$	$	
☐			$	$	$	
☐			$	$	$	
☐			$	$	$	
☐			$	$	$	
☐			$	$	$	
☐			$	$	$	
☐			$	$	$	
☐			$	$	$	
☐			$	$	$	
☐			$	$	$	
☐			$	$	$	
☐			$	$	$	
☐			$	$	$	
☐			$	$	$	
		TOTAL	$	$	$	

BILL PAYMENTS TRACKER

MONTH: _____ / _____

PAID	BILL	DUE DATE	AMT DUE	AMT PAID	UNPAID BALANCE	NOTE
☐			$	$	$	
☐			$	$	$	
☐			$	$	$	
☐			$	$	$	
☐			$	$	$	
☐			$	$	$	
☐			$	$	$	
☐			$	$	$	
☐			$	$	$	
☐			$	$	$	
☐			$	$	$	
☐			$	$	$	
☐			$	$	$	
☐			$	$	$	
☐			$	$	$	
☐			$	$	$	
☐			$	$	$	
☐			$	$	$	
☐			$	$	$	
☐			$	$	$	
☐			$	$	$	
☐			$	$	$	
☐			$	$	$	
☐			$	$	$	
☐			$	$	$	
☐			$	$	$	
☐			$	$	$	
		TOTAL	$	$	$	

BILL PAYMENTS TRACKER

MONTH: /

PAID	BILL	DUE DATE	AMT DUE	AMT PAID	UNPAID BALANCE	NOTE
☐			$	$	$	
☐			$	$	$	
☐			$	$	$	
☐			$	$	$	
☐			$	$	$	
☐			$	$	$	
☐			$	$	$	
☐			$	$	$	
☐			$	$	$	
☐			$	$	$	
☐			$	$	$	
☐			$	$	$	
☐			$	$	$	
☐			$	$	$	
☐			$	$	$	
☐			$	$	$	
☐			$	$	$	
☐			$	$	$	
☐			$	$	$	
☐			$	$	$	
☐			$	$	$	
☐			$	$	$	
☐			$	$	$	
☐			$	$	$	
☐			$	$	$	
☐			$	$	$	
☐			$	$	$	
☐			$	$	$	
	TOTAL		$	$	$	

BILL PAYMENTS TRACKER

MONTH: _____ / _____

PAID	BILL	DUE DATE	AMT DUE	AMT PAID	UNPAID BALANCE	NOTE
☐			$	$	$	
☐			$	$	$	
☐			$	$	$	
☐			$	$	$	
☐			$	$	$	
☐			$	$	$	
☐			$	$	$	
☐			$	$	$	
☐			$	$	$	
☐			$	$	$	
☐			$	$	$	
☐			$	$	$	
☐			$	$	$	
☐			$	$	$	
☐			$	$	$	
☐			$	$	$	
☐			$	$	$	
☐			$	$	$	
☐			$	$	$	
☐			$	$	$	
☐			$	$	$	
☐			$	$	$	
☐			$	$	$	
☐			$	$	$	
☐			$	$	$	
☐			$	$	$	
☐			$	$	$	
☐			$	$	$	
		TOTAL	$	$	$	

BILL PAYMENTS TRACKER

MONTH: /

PAID	BILL	DUE DATE	AMT DUE	AMT PAID	UNPAID BALANCE	NOTE
☐			$	$	$	
☐			$	$	$	
☐			$	$	$	
☐			$	$	$	
☐			$	$	$	
☐			$	$	$	
☐			$	$	$	
☐			$	$	$	
☐			$	$	$	
☐			$	$	$	
☐			$	$	$	
☐			$	$	$	
☐			$	$	$	
☐			$	$	$	
☐			$	$	$	
☐			$	$	$	
☐			$	$	$	
☐			$	$	$	
☐			$	$	$	
☐			$	$	$	
☐			$	$	$	
☐			$	$	$	
☐			$	$	$	
☐			$	$	$	
☐			$	$	$	
☐			$	$	$	
☐			$	$	$	
☐			$	$	$	
	TOTAL		$	$	$	

BILL PAYMENTS TRACKER

MONTH: /

PAID	BILL	DUE DATE	AMT DUE	AMT PAID	UNPAID BALANCE	NOTE
☐			$	$	$	
☐			$	$	$	
☐			$	$	$	
☐			$	$	$	
☐			$	$	$	
☐			$	$	$	
☐			$	$	$	
☐			$	$	$	
☐			$	$	$	
☐			$	$	$	
☐			$	$	$	
☐			$	$	$	
☐			$	$	$	
☐			$	$	$	
☐			$	$	$	
☐			$	$	$	
☐			$	$	$	
☐			$	$	$	
☐			$	$	$	
☐			$	$	$	
☐			$	$	$	
☐			$	$	$	
☐			$	$	$	
☐			$	$	$	
☐			$	$	$	
☐			$	$	$	
☐			$	$	$	
☐			$	$	$	
☐			$	$	$	
☐			$	$	$	
		TOTAL	$	$	$	

BILL PAYMENTS TRACKER

MONTH: ___ / ___

PAID	BILL	DUE DATE	AMT DUE	AMT PAID	UNPAID BALANCE	NOTE
☐			$	$	$	
☐			$	$	$	
☐			$	$	$	
☐			$	$	$	
☐			$	$	$	
☐			$	$	$	
☐			$	$	$	
☐			$	$	$	
☐			$	$	$	
☐			$	$	$	
☐			$	$	$	
☐			$	$	$	
☐			$	$	$	
☐			$	$	$	
☐			$	$	$	
☐			$	$	$	
☐			$	$	$	
☐			$	$	$	
☐			$	$	$	
☐			$	$	$	
☐			$	$	$	
☐			$	$	$	
☐			$	$	$	
☐			$	$	$	
☐			$	$	$	
☐			$	$	$	
☐			$	$	$	
☐			$	$	$	
	TOTAL		$	$	$	

BILL PAYMENTS TRACKER

MONTH: ______ / ______

PAID	BILL	DUE DATE	AMT DUE	AMT PAID	UNPAID BALANCE	NOTE
☐			$	$	$	
☐			$	$	$	
☐			$	$	$	
☐			$	$	$	
☐			$	$	$	
☐			$	$	$	
☐			$	$	$	
☐			$	$	$	
☐			$	$	$	
☐			$	$	$	
☐			$	$	$	
☐			$	$	$	
☐			$	$	$	
☐			$	$	$	
☐			$	$	$	
☐			$	$	$	
☐			$	$	$	
☐			$	$	$	
☐			$	$	$	
☐			$	$	$	
☐			$	$	$	
☐			$	$	$	
☐			$	$	$	
☐			$	$	$	
☐			$	$	$	
☐			$	$	$	
☐			$	$	$	
☐			$	$	$	
☐			$	$	$	
		TOTAL	$	$	$	

BILL PAYMENTS TRACKER

MONTH: /

PAID	BILL	DUE DATE	AMT DUE	AMT PAID	UNPAID BALANCE	NOTE
☐			$	$	$	
☐			$	$	$	
☐			$	$	$	
☐			$	$	$	
☐			$	$	$	
☐			$	$	$	
☐			$	$	$	
☐			$	$	$	
☐			$	$	$	
☐			$	$	$	
☐			$	$	$	
☐			$	$	$	
☐			$	$	$	
☐			$	$	$	
☐			$	$	$	
☐			$	$	$	
☐			$	$	$	
☐			$	$	$	
☐			$	$	$	
☐			$	$	$	
☐			$	$	$	
☐			$	$	$	
☐			$	$	$	
☐			$	$	$	
☐			$	$	$	
☐			$	$	$	
☐			$	$	$	
☐			$	$	$	
☐			$	$	$	
☐			$	$	$	
		TOTAL	$	$	$	

BILL PAYMENTS TRACKER

MONTH: ______ / ______

PAID	BILL	DUE DATE	AMT DUE	AMT PAID	UNPAID BALANCE	NOTE
☐			$	$	$	
☐			$	$	$	
☐			$	$	$	
☐			$	$	$	
☐			$	$	$	
☐			$	$	$	
☐			$	$	$	
☐			$	$	$	
☐			$	$	$	
☐			$	$	$	
☐			$	$	$	
☐			$	$	$	
☐			$	$	$	
☐			$	$	$	
☐			$	$	$	
☐			$	$	$	
☐			$	$	$	
☐			$	$	$	
☐			$	$	$	
☐			$	$	$	
☐			$	$	$	
☐			$	$	$	
☐			$	$	$	
☐			$	$	$	
☐			$	$	$	
☐			$	$	$	
☐			$	$	$	
		TOTAL	$	$	$	

BILL PAYMENTS TRACKER

MONTH: ___ / ___

PAID	BILL	DUE DATE	AMT DUE	AMT PAID	UNPAID BALANCE	NOTE
☐			$	$	$	
☐			$	$	$	
☐			$	$	$	
☐			$	$	$	
☐			$	$	$	
☐			$	$	$	
☐			$	$	$	
☐			$	$	$	
☐			$	$	$	
☐			$	$	$	
☐			$	$	$	
☐			$	$	$	
☐			$	$	$	
☐			$	$	$	
☐			$	$	$	
☐			$	$	$	
☐			$	$	$	
☐			$	$	$	
☐			$	$	$	
☐			$	$	$	
☐			$	$	$	
☐			$	$	$	
☐			$	$	$	
☐			$	$	$	
☐			$	$	$	
☐			$	$	$	
☐			$	$	$	
☐			$	$	$	
		TOTAL	$	$	$	

BILL PAYMENTS TRACKER

MONTH: _____ / _____

PAID	BILL	DUE DATE	AMT DUE	AMT PAID	UNPAID BALANCE	NOTE
☐			$	$	$	
☐			$	$	$	
☐			$	$	$	
☐			$	$	$	
☐			$	$	$	
☐			$	$	$	
☐			$	$	$	
☐			$	$	$	
☐			$	$	$	
☐			$	$	$	
☐			$	$	$	
☐			$	$	$	
☐			$	$	$	
☐			$	$	$	
☐			$	$	$	
☐			$	$	$	
☐			$	$	$	
☐			$	$	$	
☐			$	$	$	
☐			$	$	$	
☐			$	$	$	
☐			$	$	$	
☐			$	$	$	
☐			$	$	$	
☐			$	$	$	
☐			$	$	$	
☐			$	$	$	
☐			$	$	$	
		TOTAL	$	$	$	

BILL PAYMENTS TRACKER

MONTH: /

PAID	BILL	DUE DATE	AMT DUE	AMT PAID	UNPAID BALANCE	NOTE
☐			$	$	$	
☐			$	$	$	
☐			$	$	$	
☐			$	$	$	
☐			$	$	$	
☐			$	$	$	
☐			$	$	$	
☐			$	$	$	
☐			$	$	$	
☐			$	$	$	
☐			$	$	$	
☐			$	$	$	
☐			$	$	$	
☐			$	$	$	
☐			$	$	$	
☐			$	$	$	
☐			$	$	$	
☐			$	$	$	
☐			$	$	$	
☐			$	$	$	
☐			$	$	$	
☐			$	$	$	
☐			$	$	$	
☐			$	$	$	
☐			$	$	$	
☐			$	$	$	
☐			$	$	$	
☐			$	$	$	
☐			$	$	$	
	TOTAL		$	$	$	

BILL PAYMENTS TRACKER

MONTH: /

PAID	BILL	DUE DATE	AMT DUE	AMT PAID	UNPAID BALANCE	NOTE
☐			$	$	$	
☐			$	$	$	
☐			$	$	$	
☐			$	$	$	
☐			$	$	$	
☐			$	$	$	
☐			$	$	$	
☐			$	$	$	
☐			$	$	$	
☐			$	$	$	
☐			$	$	$	
☐			$	$	$	
☐			$	$	$	
☐			$	$	$	
☐			$	$	$	
☐			$	$	$	
☐			$	$	$	
☐			$	$	$	
☐			$	$	$	
☐			$	$	$	
☐			$	$	$	
☐			$	$	$	
☐			$	$	$	
☐			$	$	$	
☐			$	$	$	
☐			$	$	$	
☐			$	$	$	
☐			$	$	$	
☐			$	$	$	
		TOTAL	$	$	$	

BILL PAYMENTS TRACKER

MONTH: _____ / _____

PAID	BILL	DUE DATE	AMT DUE	AMT PAID	UNPAID BALANCE	NOTE
☐			$	$	$	
☐			$	$	$	
☐			$	$	$	
☐			$	$	$	
☐			$	$	$	
☐			$	$	$	
☐			$	$	$	
☐			$	$	$	
☐			$	$	$	
☐			$	$	$	
☐			$	$	$	
☐			$	$	$	
☐			$	$	$	
☐			$	$	$	
☐			$	$	$	
☐			$	$	$	
☐			$	$	$	
☐			$	$	$	
☐			$	$	$	
☐			$	$	$	
☐			$	$	$	
☐			$	$	$	
☐			$	$	$	
☐			$	$	$	
☐			$	$	$	
☐			$	$	$	
☐			$	$	$	
☐			$	$	$	
		TOTAL	$	$	$	

BILL PAYMENTS TRACKER

MONTH: ______ / ______

PAID	BILL	DUE DATE	AMT DUE	AMT PAID	UNPAID BALANCE	NOTE
☐			$	$	$	
☐			$	$	$	
☐			$	$	$	
☐			$	$	$	
☐			$	$	$	
☐			$	$	$	
☐			$	$	$	
☐			$	$	$	
☐			$	$	$	
☐			$	$	$	
☐			$	$	$	
☐			$	$	$	
☐			$	$	$	
☐			$	$	$	
☐			$	$	$	
☐			$	$	$	
☐			$	$	$	
☐			$	$	$	
☐			$	$	$	
☐			$	$	$	
☐			$	$	$	
☐			$	$	$	
☐			$	$	$	
☐			$	$	$	
☐			$	$	$	
☐			$	$	$	
☐			$	$	$	
☐			$	$	$	
☐			$	$	$	
		TOTAL	$	$	$	

BILL PAYMENTS TRACKER

MONTH: _____ / _____

PAID	BILL	DUE DATE	AMT DUE	AMT PAID	UNPAID BALANCE	NOTE
☐			$	$	$	
☐			$	$	$	
☐			$	$	$	
☐			$	$	$	
☐			$	$	$	
☐			$	$	$	
☐			$	$	$	
☐			$	$	$	
☐			$	$	$	
☐			$	$	$	
☐			$	$	$	
☐			$	$	$	
☐			$	$	$	
☐			$	$	$	
☐			$	$	$	
☐			$	$	$	
☐			$	$	$	
☐			$	$	$	
☐			$	$	$	
☐			$	$	$	
☐			$	$	$	
☐			$	$	$	
☐			$	$	$	
☐			$	$	$	
☐			$	$	$	
☐			$	$	$	
☐			$	$	$	
☐			$	$	$	
☐			$	$	$	
☐			$	$	$	
		TOTAL	$	$	$	

BILL PAYMENTS TRACKER

MONTH: /

PAID	BILL	DUE DATE	AMT DUE	AMT PAID	UNPAID BALANCE	NOTE
☐			$	$	$	
☐			$	$	$	
☐			$	$	$	
☐			$	$	$	
☐			$	$	$	
☐			$	$	$	
☐			$	$	$	
☐			$	$	$	
☐			$	$	$	
☐			$	$	$	
☐			$	$	$	
☐			$	$	$	
☐			$	$	$	
☐			$	$	$	
☐			$	$	$	
☐			$	$	$	
☐			$	$	$	
☐			$	$	$	
☐			$	$	$	
☐			$	$	$	
☐			$	$	$	
☐			$	$	$	
☐			$	$	$	
☐			$	$	$	
☐			$	$	$	
☐			$	$	$	
☐			$	$	$	
☐			$	$	$	
☐			$	$	$	
		TOTAL	$	$	$	

BILL PAYMENTS TRACKER

MONTH: /

PAID	BILL	DUE DATE	AMT DUE	AMT PAID	UNPAID BALANCE	NOTE
☐			$	$	$	
☐			$	$	$	
☐			$	$	$	
☐			$	$	$	
☐			$	$	$	
☐			$	$	$	
☐			$	$	$	
☐			$	$	$	
☐			$	$	$	
☐			$	$	$	
☐			$	$	$	
☐			$	$	$	
☐			$	$	$	
☐			$	$	$	
☐			$	$	$	
☐			$	$	$	
☐			$	$	$	
☐			$	$	$	
☐			$	$	$	
☐			$	$	$	
☐			$	$	$	
☐			$	$	$	
☐			$	$	$	
☐			$	$	$	
☐			$	$	$	
☐			$	$	$	
☐			$	$	$	
☐			$	$	$	
☐			$	$	$	
		TOTAL	$	$	$	

BILL PAYMENTS TRACKER

MONTH: /

PAID	BILL	DUE DATE	AMT DUE	AMT PAID	UNPAID BALANCE	NOTE
☐			$	$	$	
☐			$	$	$	
☐			$	$	$	
☐			$	$	$	
☐			$	$	$	
☐			$	$	$	
☐			$	$	$	
☐			$	$	$	
☐			$	$	$	
☐			$	$	$	
☐			$	$	$	
☐			$	$	$	
☐			$	$	$	
☐			$	$	$	
☐			$	$	$	
☐			$	$	$	
☐			$	$	$	
☐			$	$	$	
☐			$	$	$	
☐			$	$	$	
☐			$	$	$	
☐			$	$	$	
☐			$	$	$	
☐			$	$	$	
☐			$	$	$	
☐			$	$	$	
☐			$	$	$	
☐			$	$	$	
		TOTAL	$	$	$	

BILL PAYMENTS TRACKER

MONTH: ________ / ________

PAID	BILL	DUE DATE	AMT DUE	AMT PAID	UNPAID BALANCE	NOTE
☐			$	$	$	
☐			$	$	$	
☐			$	$	$	
☐			$	$	$	
☐			$	$	$	
☐			$	$	$	
☐			$	$	$	
☐			$	$	$	
☐			$	$	$	
☐			$	$	$	
☐			$	$	$	
☐			$	$	$	
☐			$	$	$	
☐			$	$	$	
☐			$	$	$	
☐			$	$	$	
☐			$	$	$	
☐			$	$	$	
☐			$	$	$	
☐			$	$	$	
☐			$	$	$	
☐			$	$	$	
☐			$	$	$	
☐			$	$	$	
☐			$	$	$	
☐			$	$	$	
☐			$	$	$	
☐			$	$	$	
☐			$	$	$	
		TOTAL	$	$	$	

BILL PAYMENTS TRACKER

MONTH: /

PAID	BILL	DUE DATE	AMT DUE	AMT PAID	UNPAID BALANCE	NOTE
☐			$	$	$	
☐			$	$	$	
☐			$	$	$	
☐			$	$	$	
☐			$	$	$	
☐			$	$	$	
☐			$	$	$	
☐			$	$	$	
☐			$	$	$	
☐			$	$	$	
☐			$	$	$	
☐			$	$	$	
☐			$	$	$	
☐			$	$	$	
☐			$	$	$	
☐			$	$	$	
☐			$	$	$	
☐			$	$	$	
☐			$	$	$	
☐			$	$	$	
☐			$	$	$	
☐			$	$	$	
☐			$	$	$	
☐			$	$	$	
☐			$	$	$	
☐			$	$	$	
☐			$	$	$	
☐			$	$	$	
☐			$	$	$	
		TOTAL	$	$	$	

BILL PAYMENTS TRACKER

MONTH: /

PAID	BILL	DUE DATE	AMT DUE	AMT PAID	UNPAID BALANCE	NOTE
☐			$	$	$	
☐			$	$	$	
☐			$	$	$	
☐			$	$	$	
☐			$	$	$	
☐			$	$	$	
☐			$	$	$	
☐			$	$	$	
☐			$	$	$	
☐			$	$	$	
☐			$	$	$	
☐			$	$	$	
☐			$	$	$	
☐			$	$	$	
☐			$	$	$	
☐			$	$	$	
☐			$	$	$	
☐			$	$	$	
☐			$	$	$	
☐			$	$	$	
☐			$	$	$	
☐			$	$	$	
☐			$	$	$	
☐			$	$	$	
☐			$	$	$	
☐			$	$	$	
☐			$	$	$	
☐			$	$	$	
		TOTAL	$	$	$	

BILL PAYMENTS TRACKER

MONTH: /

PAID	BILL	DUE DATE	AMT DUE	AMT PAID	UNPAID BALANCE	NOTE
☐			$	$	$	
☐			$	$	$	
☐			$	$	$	
☐			$	$	$	
☐			$	$	$	
☐			$	$	$	
☐			$	$	$	
☐			$	$	$	
☐			$	$	$	
☐			$	$	$	
☐			$	$	$	
☐			$	$	$	
☐			$	$	$	
☐			$	$	$	
☐			$	$	$	
☐			$	$	$	
☐			$	$	$	
☐			$	$	$	
☐			$	$	$	
☐			$	$	$	
☐			$	$	$	
☐			$	$	$	
☐			$	$	$	
☐			$	$	$	
☐			$	$	$	
☐			$	$	$	
☐			$	$	$	
☐			$	$	$	
☐			$	$	$	
	TOTAL		$	$	$	

BILL PAYMENTS TRACKER

MONTH: ____ / ____

PAID	BILL	DUE DATE	AMT DUE	AMT PAID	UNPAID BALANCE	NOTE
☐			$	$	$	
☐			$	$	$	
☐			$	$	$	
☐			$	$	$	
☐			$	$	$	
☐			$	$	$	
☐			$	$	$	
☐			$	$	$	
☐			$	$	$	
☐			$	$	$	
☐			$	$	$	
☐			$	$	$	
☐			$	$	$	
☐			$	$	$	
☐			$	$	$	
☐			$	$	$	
☐			$	$	$	
☐			$	$	$	
☐			$	$	$	
☐			$	$	$	
☐			$	$	$	
☐			$	$	$	
☐			$	$	$	
☐			$	$	$	
☐			$	$	$	
☐			$	$	$	
☐			$	$	$	
☐			$	$	$	
☐			$	$	$	
	TOTAL		$	$	$	

BILL PAYMENTS TRACKER

MONTH: /

PAID	BILL	DUE DATE	AMT DUE	AMT PAID	UNPAID BALANCE	NOTE
☐			$	$	$	
☐			$	$	$	
☐			$	$	$	
☐			$	$	$	
☐			$	$	$	
☐			$	$	$	
☐			$	$	$	
☐			$	$	$	
☐			$	$	$	
☐			$	$	$	
☐			$	$	$	
☐			$	$	$	
☐			$	$	$	
☐			$	$	$	
☐			$	$	$	
☐			$	$	$	
☐			$	$	$	
☐			$	$	$	
☐			$	$	$	
☐			$	$	$	
☐			$	$	$	
☐			$	$	$	
☐			$	$	$	
☐			$	$	$	
☐			$	$	$	
☐			$	$	$	
☐			$	$	$	
☐			$	$	$	
		TOTAL	$	$	$	

BILL PAYMENTS TRACKER

MONTH: /

PAID	BILL	DUE DATE	AMT DUE	AMT PAID	UNPAID BALANCE	NOTE
☐			$	$	$	
☐			$	$	$	
☐			$	$	$	
☐			$	$	$	
☐			$	$	$	
☐			$	$	$	
☐			$	$	$	
☐			$	$	$	
☐			$	$	$	
☐			$	$	$	
☐			$	$	$	
☐			$	$	$	
☐			$	$	$	
☐			$	$	$	
☐			$	$	$	
☐			$	$	$	
☐			$	$	$	
☐			$	$	$	
☐			$	$	$	
☐			$	$	$	
☐			$	$	$	
☐			$	$	$	
☐			$	$	$	
☐			$	$	$	
☐			$	$	$	
☐			$	$	$	
☐			$	$	$	
		TOTAL	$	$	$	

BILL PAYMENTS TRACKER

MONTH: _____ / _____

PAID	BILL	DUE DATE	AMT DUE	AMT PAID	UNPAID BALANCE	NOTE
☐			$	$	$	
☐			$	$	$	
☐			$	$	$	
☐			$	$	$	
☐			$	$	$	
☐			$	$	$	
☐			$	$	$	
☐			$	$	$	
☐			$	$	$	
☐			$	$	$	
☐			$	$	$	
☐			$	$	$	
☐			$	$	$	
☐			$	$	$	
☐			$	$	$	
☐			$	$	$	
☐			$	$	$	
☐			$	$	$	
☐			$	$	$	
☐			$	$	$	
☐			$	$	$	
☐			$	$	$	
☐			$	$	$	
☐			$	$	$	
☐			$	$	$	
☐			$	$	$	
☐			$	$	$	
☐			$	$	$	
		TOTAL	$	$	$	

BILL PAYMENTS TRACKER

MONTH: _____ / _____

PAID	BILL	DUE DATE	AMT DUE	AMT PAID	UNPAID BALANCE	NOTE
☐			$	$	$	
☐			$	$	$	
☐			$	$	$	
☐			$	$	$	
☐			$	$	$	
☐			$	$	$	
☐			$	$	$	
☐			$	$	$	
☐			$	$	$	
☐			$	$	$	
☐			$	$	$	
☐			$	$	$	
☐			$	$	$	
☐			$	$	$	
☐			$	$	$	
☐			$	$	$	
☐			$	$	$	
☐			$	$	$	
☐			$	$	$	
☐			$	$	$	
☐			$	$	$	
☐			$	$	$	
☐			$	$	$	
☐			$	$	$	
☐			$	$	$	
☐			$	$	$	
☐			$	$	$	
☐			$	$	$	
☐			$	$	$	
		TOTAL	$	$	$	

BILL PAYMENTS TRACKER

MONTH: _____ / _____

PAID	BILL	DUE DATE	AMT DUE	AMT PAID	UNPAID BALANCE	NOTE
☐			$	$	$	
☐			$	$	$	
☐			$	$	$	
☐			$	$	$	
☐			$	$	$	
☐			$	$	$	
☐			$	$	$	
☐			$	$	$	
☐			$	$	$	
☐			$	$	$	
☐			$	$	$	
☐			$	$	$	
☐			$	$	$	
☐			$	$	$	
☐			$	$	$	
☐			$	$	$	
☐			$	$	$	
☐			$	$	$	
☐			$	$	$	
☐			$	$	$	
☐			$	$	$	
☐			$	$	$	
☐			$	$	$	
☐			$	$	$	
☐			$	$	$	
☐			$	$	$	
☐			$	$	$	
☐			$	$	$	
		TOTAL	$	$	$	

BILL PAYMENTS TRACKER

MONTH: ___ / ___

PAID	BILL	DUE DATE	AMT DUE	AMT PAID	UNPAID BALANCE	NOTE
☐			$	$	$	
☐			$	$	$	
☐			$	$	$	
☐			$	$	$	
☐			$	$	$	
☐			$	$	$	
☐			$	$	$	
☐			$	$	$	
☐			$	$	$	
☐			$	$	$	
☐			$	$	$	
☐			$	$	$	
☐			$	$	$	
☐			$	$	$	
☐			$	$	$	
☐			$	$	$	
☐			$	$	$	
☐			$	$	$	
☐			$	$	$	
☐			$	$	$	
☐			$	$	$	
☐			$	$	$	
☐			$	$	$	
☐			$	$	$	
☐			$	$	$	
☐			$	$	$	
☐			$	$	$	
		TOTAL	$	$	$	

BILL PAYMENTS TRACKER

MONTH: ________ / ________

PAID	BILL	DUE DATE	AMT DUE	AMT PAID	UNPAID BALANCE	NOTE
☐			$	$	$	
☐			$	$	$	
☐			$	$	$	
☐			$	$	$	
☐			$	$	$	
☐			$	$	$	
☐			$	$	$	
☐			$	$	$	
☐			$	$	$	
☐			$	$	$	
☐			$	$	$	
☐			$	$	$	
☐			$	$	$	
☐			$	$	$	
☐			$	$	$	
☐			$	$	$	
☐			$	$	$	
☐			$	$	$	
☐			$	$	$	
☐			$	$	$	
☐			$	$	$	
☐			$	$	$	
☐			$	$	$	
☐			$	$	$	
☐			$	$	$	
☐			$	$	$	
☐			$	$	$	
☐			$	$	$	
		TOTAL	$	$	$	

BILL PAYMENTS TRACKER

MONTH: /

PAID	BILL	DUE DATE	AMT DUE	AMT PAID	UNPAID BALANCE	NOTE
☐			$	$	$	
☐			$	$	$	
☐			$	$	$	
☐			$	$	$	
☐			$	$	$	
☐			$	$	$	
☐			$	$	$	
☐			$	$	$	
☐			$	$	$	
☐			$	$	$	
☐			$	$	$	
☐			$	$	$	
☐			$	$	$	
☐			$	$	$	
☐			$	$	$	
☐			$	$	$	
☐			$	$	$	
☐			$	$	$	
☐			$	$	$	
☐			$	$	$	
☐			$	$	$	
☐			$	$	$	
☐			$	$	$	
☐			$	$	$	
☐			$	$	$	
☐			$	$	$	
☐			$	$	$	
☐			$	$	$	
☐			$	$	$	
☐			$	$	$	
		TOTAL	$	$	$	

BILL PAYMENTS TRACKER

MONTH: /

PAID	BILL	DUE DATE	AMT DUE	AMT PAID	UNPAID BALANCE	NOTE
☐			$	$	$	
☐			$	$	$	
☐			$	$	$	
☐			$	$	$	
☐			$	$	$	
☐			$	$	$	
☐			$	$	$	
☐			$	$	$	
☐			$	$	$	
☐			$	$	$	
☐			$	$	$	
☐			$	$	$	
☐			$	$	$	
☐			$	$	$	
☐			$	$	$	
☐			$	$	$	
☐			$	$	$	
☐			$	$	$	
☐			$	$	$	
☐			$	$	$	
☐			$	$	$	
☐			$	$	$	
☐			$	$	$	
☐			$	$	$	
☐			$	$	$	
☐			$	$	$	
☐			$	$	$	
☐			$	$	$	
☐			$	$	$	
☐			$	$	$	
	TOTAL		$	$	$	

BILL PAYMENTS TRACKER

MONTH: /

PAID	BILL	DUE DATE	AMT DUE	AMT PAID	UNPAID BALANCE	NOTE
☐			$	$	$	
☐			$	$	$	
☐			$	$	$	
☐			$	$	$	
☐			$	$	$	
☐			$	$	$	
☐			$	$	$	
☐			$	$	$	
☐			$	$	$	
☐			$	$	$	
☐			$	$	$	
☐			$	$	$	
☐			$	$	$	
☐			$	$	$	
☐			$	$	$	
☐			$	$	$	
☐			$	$	$	
☐			$	$	$	
☐			$	$	$	
☐			$	$	$	
☐			$	$	$	
☐			$	$	$	
☐			$	$	$	
☐			$	$	$	
☐			$	$	$	
☐			$	$	$	
☐			$	$	$	
☐			$	$	$	
☐			$	$	$	
		TOTAL	$	$	$	

BILL PAYMENTS TRACKER

MONTH: /

PAID	BILL	DUE DATE	AMT DUE	AMT PAID	UNPAID BALANCE	NOTE
☐			$	$	$	
☐			$	$	$	
☐			$	$	$	
☐			$	$	$	
☐			$	$	$	
☐			$	$	$	
☐			$	$	$	
☐			$	$	$	
☐			$	$	$	
☐			$	$	$	
☐			$	$	$	
☐			$	$	$	
☐			$	$	$	
☐			$	$	$	
☐			$	$	$	
☐			$	$	$	
☐			$	$	$	
☐			$	$	$	
☐			$	$	$	
☐			$	$	$	
☐			$	$	$	
☐			$	$	$	
☐			$	$	$	
☐			$	$	$	
☐			$	$	$	
☐			$	$	$	
☐			$	$	$	
☐			$	$	$	
☐			$	$	$	
		TOTAL	$	$	$	

BILL PAYMENTS TRACKER

MONTH: /

PAID	BILL	DUE DATE	AMT DUE	AMT PAID	UNPAID BALANCE	NOTE
☐			$	$	$	
☐			$	$	$	
☐			$	$	$	
☐			$	$	$	
☐			$	$	$	
☐			$	$	$	
☐			$	$	$	
☐			$	$	$	
☐			$	$	$	
☐			$	$	$	
☐			$	$	$	
☐			$	$	$	
☐			$	$	$	
☐			$	$	$	
☐			$	$	$	
☐			$	$	$	
☐			$	$	$	
☐			$	$	$	
☐			$	$	$	
☐			$	$	$	
☐			$	$	$	
☐			$	$	$	
☐			$	$	$	
☐			$	$	$	
☐			$	$	$	
☐			$	$	$	
☐			$	$	$	
☐			$	$	$	
☐			$	$	$	
		TOTAL	$	$	$	

BILL PAYMENTS TRACKER

MONTH: /

PAID	BILL	DUE DATE	AMT DUE	AMT PAID	UNPAID BALANCE	NOTE
☐			$	$	$	
☐			$	$	$	
☐			$	$	$	
☐			$	$	$	
☐			$	$	$	
☐			$	$	$	
☐			$	$	$	
☐			$	$	$	
☐			$	$	$	
☐			$	$	$	
☐			$	$	$	
☐			$	$	$	
☐			$	$	$	
☐			$	$	$	
☐			$	$	$	
☐			$	$	$	
☐			$	$	$	
☐			$	$	$	
☐			$	$	$	
☐			$	$	$	
☐			$	$	$	
☐			$	$	$	
☐			$	$	$	
☐			$	$	$	
☐			$	$	$	
☐			$	$	$	
☐			$	$	$	
☐			$	$	$	
		TOTAL	$	$	$	

BILL PAYMENTS TRACKER

MONTH: /

PAID	BILL	DUE DATE	AMT DUE	AMT PAID	UNPAID BALANCE	NOTE
☐			$	$	$	
☐			$	$	$	
☐			$	$	$	
☐			$	$	$	
☐			$	$	$	
☐			$	$	$	
☐			$	$	$	
☐			$	$	$	
☐			$	$	$	
☐			$	$	$	
☐			$	$	$	
☐			$	$	$	
☐			$	$	$	
☐			$	$	$	
☐			$	$	$	
☐			$	$	$	
☐			$	$	$	
☐			$	$	$	
☐			$	$	$	
☐			$	$	$	
☐			$	$	$	
☐			$	$	$	
☐			$	$	$	
☐			$	$	$	
☐			$	$	$	
☐			$	$	$	
☐			$	$	$	
☐			$	$	$	
☐			$	$	$	
☐			$	$	$	
		TOTAL	$	$	$	

BILL PAYMENTS TRACKER

MONTH: /

PAID	BILL	DUE DATE	AMT DUE	AMT PAID	UNPAID BALANCE	NOTE
☐			$	$	$	
☐			$	$	$	
☐			$	$	$	
☐			$	$	$	
☐			$	$	$	
☐			$	$	$	
☐			$	$	$	
☐			$	$	$	
☐			$	$	$	
☐			$	$	$	
☐			$	$	$	
☐			$	$	$	
☐			$	$	$	
☐			$	$	$	
☐			$	$	$	
☐			$	$	$	
☐			$	$	$	
☐			$	$	$	
☐			$	$	$	
☐			$	$	$	
☐			$	$	$	
☐			$	$	$	
☐			$	$	$	
☐			$	$	$	
☐			$	$	$	
☐			$	$	$	
☐			$	$	$	
☐			$	$	$	
☐			$	$	$	
		TOTAL	$	$	$	

BILL PAYMENTS TRACKER

MONTH: /

PAID	BILL	DUE DATE	AMT DUE	AMT PAID	UNPAID BALANCE	NOTE
☐			$	$	$	
☐			$	$	$	
☐			$	$	$	
☐			$	$	$	
☐			$	$	$	
☐			$	$	$	
☐			$	$	$	
☐			$	$	$	
☐			$	$	$	
☐			$	$	$	
☐			$	$	$	
☐			$	$	$	
☐			$	$	$	
☐			$	$	$	
☐			$	$	$	
☐			$	$	$	
☐			$	$	$	
☐			$	$	$	
☐			$	$	$	
☐			$	$	$	
☐			$	$	$	
☐			$	$	$	
☐			$	$	$	
☐			$	$	$	
☐			$	$	$	
☐			$	$	$	
☐			$	$	$	
☐			$	$	$	
☐			$	$	$	
		TOTAL	$	$	$	

BILL PAYMENTS TRACKER

MONTH: ______ / ______

PAID	BILL	DUE DATE	AMT DUE	AMT PAID	UNPAID BALANCE	NOTE
☐			$	$	$	
☐			$	$	$	
☐			$	$	$	
☐			$	$	$	
☐			$	$	$	
☐			$	$	$	
☐			$	$	$	
☐			$	$	$	
☐			$	$	$	
☐			$	$	$	
☐			$	$	$	
☐			$	$	$	
☐			$	$	$	
☐			$	$	$	
☐			$	$	$	
☐			$	$	$	
☐			$	$	$	
☐			$	$	$	
☐			$	$	$	
☐			$	$	$	
☐			$	$	$	
☐			$	$	$	
☐			$	$	$	
☐			$	$	$	
☐			$	$	$	
☐			$	$	$	
☐			$	$	$	
☐			$	$	$	
		TOTAL	$	$	$	

BILL PAYMENTS TRACKER

MONTH: _____ / _____

PAID	BILL	DUE DATE	AMT DUE	AMT PAID	UNPAID BALANCE	NOTE
☐			$	$	$	
☐			$	$	$	
☐			$	$	$	
☐			$	$	$	
☐			$	$	$	
☐			$	$	$	
☐			$	$	$	
☐			$	$	$	
☐			$	$	$	
☐			$	$	$	
☐			$	$	$	
☐			$	$	$	
☐			$	$	$	
☐			$	$	$	
☐			$	$	$	
☐			$	$	$	
☐			$	$	$	
☐			$	$	$	
☐			$	$	$	
☐			$	$	$	
☐			$	$	$	
☐			$	$	$	
☐			$	$	$	
☐			$	$	$	
☐			$	$	$	
☐			$	$	$	
☐			$	$	$	
☐			$	$	$	
☐			$	$	$	
☐			$	$	$	
		TOTAL	$	$	$	

BILL PAYMENTS TRACKER

MONTH: /

PAID	BILL	DUE DATE	AMT DUE	AMT PAID	UNPAID BALANCE	NOTE
☐			$	$	$	
☐			$	$	$	
☐			$	$	$	
☐			$	$	$	
☐			$	$	$	
☐			$	$	$	
☐			$	$	$	
☐			$	$	$	
☐			$	$	$	
☐			$	$	$	
☐			$	$	$	
☐			$	$	$	
☐			$	$	$	
☐			$	$	$	
☐			$	$	$	
☐			$	$	$	
☐			$	$	$	
☐			$	$	$	
☐			$	$	$	
☐			$	$	$	
☐			$	$	$	
☐			$	$	$	
☐			$	$	$	
☐			$	$	$	
☐			$	$	$	
☐			$	$	$	
☐			$	$	$	
☐			$	$	$	
☐			$	$	$	
☐			$	$	$	
		TOTAL	$	$	$	

BILL PAYMENTS TRACKER

MONTH: ____ / ____

PAID	BILL	DUE DATE	AMT DUE	AMT PAID	UNPAID BALANCE	NOTE
☐			$	$	$	
☐			$	$	$	
☐			$	$	$	
☐			$	$	$	
☐			$	$	$	
☐			$	$	$	
☐			$	$	$	
☐			$	$	$	
☐			$	$	$	
☐			$	$	$	
☐			$	$	$	
☐			$	$	$	
☐			$	$	$	
☐			$	$	$	
☐			$	$	$	
☐			$	$	$	
☐			$	$	$	
☐			$	$	$	
☐			$	$	$	
☐			$	$	$	
☐			$	$	$	
☐			$	$	$	
☐			$	$	$	
☐			$	$	$	
☐			$	$	$	
☐			$	$	$	
☐			$	$	$	
☐			$	$	$	
☐			$	$	$	
☐			$	$	$	
		TOTAL	$	$	$	

BILL PAYMENTS TRACKER

MONTH: /

PAID	BILL	DUE DATE	AMT DUE	AMT PAID	UNPAID BALANCE	NOTE
☐			$	$	$	
☐			$	$	$	
☐			$	$	$	
☐			$	$	$	
☐			$	$	$	
☐			$	$	$	
☐			$	$	$	
☐			$	$	$	
☐			$	$	$	
☐			$	$	$	
☐			$	$	$	
☐			$	$	$	
☐			$	$	$	
☐			$	$	$	
☐			$	$	$	
☐			$	$	$	
☐			$	$	$	
☐			$	$	$	
☐			$	$	$	
☐			$	$	$	
☐			$	$	$	
☐			$	$	$	
☐			$	$	$	
☐			$	$	$	
☐			$	$	$	
☐			$	$	$	
☐			$	$	$	
☐			$	$	$	
☐			$	$	$	
	TOTAL		$	$	$	

BILL PAYMENTS TRACKER

MONTH: ____ / ____

PAID	BILL	DUE DATE	AMT DUE	AMT PAID	UNPAID BALANCE	NOTE
☐			$	$	$	
☐			$	$	$	
☐			$	$	$	
☐			$	$	$	
☐			$	$	$	
☐			$	$	$	
☐			$	$	$	
☐			$	$	$	
☐			$	$	$	
☐			$	$	$	
☐			$	$	$	
☐			$	$	$	
☐			$	$	$	
☐			$	$	$	
☐			$	$	$	
☐			$	$	$	
☐			$	$	$	
☐			$	$	$	
☐			$	$	$	
☐			$	$	$	
☐			$	$	$	
☐			$	$	$	
☐			$	$	$	
☐			$	$	$	
☐			$	$	$	
☐			$	$	$	
☐			$	$	$	
☐			$	$	$	
		TOTAL	$	$	$	

BILL PAYMENTS TRACKER

MONTH: ________ / ________

PAID	BILL	DUE DATE	AMT DUE	AMT PAID	UNPAID BALANCE	NOTE
☐			$	$	$	
☐			$	$	$	
☐			$	$	$	
☐			$	$	$	
☐			$	$	$	
☐			$	$	$	
☐			$	$	$	
☐			$	$	$	
☐			$	$	$	
☐			$	$	$	
☐			$	$	$	
☐			$	$	$	
☐			$	$	$	
☐			$	$	$	
☐			$	$	$	
☐			$	$	$	
☐			$	$	$	
☐			$	$	$	
☐			$	$	$	
☐			$	$	$	
☐			$	$	$	
☐			$	$	$	
☐			$	$	$	
☐			$	$	$	
☐			$	$	$	
☐			$	$	$	
☐			$	$	$	
☐			$	$	$	
		TOTAL	$	$	$	

BILL PAYMENTS TRACKER

MONTH: /

PAID	BILL	DUE DATE	AMT DUE	AMT PAID	UNPAID BALANCE	NOTE
☐			$	$	$	
☐			$	$	$	
☐			$	$	$	
☐			$	$	$	
☐			$	$	$	
☐			$	$	$	
☐			$	$	$	
☐			$	$	$	
☐			$	$	$	
☐			$	$	$	
☐			$	$	$	
☐			$	$	$	
☐			$	$	$	
☐			$	$	$	
☐			$	$	$	
☐			$	$	$	
☐			$	$	$	
☐			$	$	$	
☐			$	$	$	
☐			$	$	$	
☐			$	$	$	
☐			$	$	$	
☐			$	$	$	
☐			$	$	$	
☐			$	$	$	
☐			$	$	$	
☐			$	$	$	
☐			$	$	$	
	TOTAL		$	$	$	

BILL PAYMENTS TRACKER

MONTH: /

PAID	BILL	DUE DATE	AMT DUE	AMT PAID	UNPAID BALANCE	NOTE
☐			$	$	$	
☐			$	$	$	
☐			$	$	$	
☐			$	$	$	
☐			$	$	$	
☐			$	$	$	
☐			$	$	$	
☐			$	$	$	
☐			$	$	$	
☐			$	$	$	
☐			$	$	$	
☐			$	$	$	
☐			$	$	$	
☐			$	$	$	
☐			$	$	$	
☐			$	$	$	
☐			$	$	$	
☐			$	$	$	
☐			$	$	$	
☐			$	$	$	
☐			$	$	$	
☐			$	$	$	
☐			$	$	$	
☐			$	$	$	
☐			$	$	$	
☐			$	$	$	
☐			$	$	$	
☐			$	$	$	
☐			$	$	$	
		TOTAL	$	$	$	

BILL PAYMENTS TRACKER

MONTH: /

PAID	BILL	DUE DATE	AMT DUE	AMT PAID	UNPAID BALANCE	NOTE
☐			$	$	$	
☐			$	$	$	
☐			$	$	$	
☐			$	$	$	
☐			$	$	$	
☐			$	$	$	
☐			$	$	$	
☐			$	$	$	
☐			$	$	$	
☐			$	$	$	
☐			$	$	$	
☐			$	$	$	
☐			$	$	$	
☐			$	$	$	
☐			$	$	$	
☐			$	$	$	
☐			$	$	$	
☐			$	$	$	
☐			$	$	$	
☐			$	$	$	
☐			$	$	$	
☐			$	$	$	
☐			$	$	$	
☐			$	$	$	
☐			$	$	$	
☐			$	$	$	
☐			$	$	$	
☐			$	$	$	
☐			$	$	$	
☐			$	$	$	
		TOTAL	$	$	$	

BILL PAYMENTS TRACKER

MONTH: /

PAID	BILL	DUE DATE	AMT DUE	AMT PAID	UNPAID BALANCE	NOTE
☐			$	$	$	
☐			$	$	$	
☐			$	$	$	
☐			$	$	$	
☐			$	$	$	
☐			$	$	$	
☐			$	$	$	
☐			$	$	$	
☐			$	$	$	
☐			$	$	$	
☐			$	$	$	
☐			$	$	$	
☐			$	$	$	
☐			$	$	$	
☐			$	$	$	
☐			$	$	$	
☐			$	$	$	
☐			$	$	$	
☐			$	$	$	
☐			$	$	$	
☐			$	$	$	
☐			$	$	$	
☐			$	$	$	
☐			$	$	$	
☐			$	$	$	
☐			$	$	$	
☐			$	$	$	
☐			$	$	$	
		TOTAL	$	$	$	

BILL PAYMENTS TRACKER

MONTH: ___ / ___

PAID	BILL	DUE DATE	AMT DUE	AMT PAID	UNPAID BALANCE	NOTE
☐			$	$	$	
☐			$	$	$	
☐			$	$	$	
☐			$	$	$	
☐			$	$	$	
☐			$	$	$	
☐			$	$	$	
☐			$	$	$	
☐			$	$	$	
☐			$	$	$	
☐			$	$	$	
☐			$	$	$	
☐			$	$	$	
☐			$	$	$	
☐			$	$	$	
☐			$	$	$	
☐			$	$	$	
☐			$	$	$	
☐			$	$	$	
☐			$	$	$	
☐			$	$	$	
☐			$	$	$	
☐			$	$	$	
☐			$	$	$	
☐			$	$	$	
☐			$	$	$	
☐			$	$	$	
☐			$	$	$	
		TOTAL	$	$	$	

BILL PAYMENTS TRACKER

MONTH: ___ / ___

PAID	BILL	DUE DATE	AMT DUE	AMT PAID	UNPAID BALANCE	NOTE
☐			$	$	$	
☐			$	$	$	
☐			$	$	$	
☐			$	$	$	
☐			$	$	$	
☐			$	$	$	
☐			$	$	$	
☐			$	$	$	
☐			$	$	$	
☐			$	$	$	
☐			$	$	$	
☐			$	$	$	
☐			$	$	$	
☐			$	$	$	
☐			$	$	$	
☐			$	$	$	
☐			$	$	$	
☐			$	$	$	
☐			$	$	$	
☐			$	$	$	
☐			$	$	$	
☐			$	$	$	
☐			$	$	$	
☐			$	$	$	
☐			$	$	$	
☐			$	$	$	
☐			$	$	$	
☐			$	$	$	
		TOTAL	$	$	$	

BILL PAYMENTS TRACKER

MONTH: /

PAID	BILL	DUE DATE	AMT DUE	AMT PAID	UNPAID BALANCE	NOTE
☐			$	$	$	
☐			$	$	$	
☐			$	$	$	
☐			$	$	$	
☐			$	$	$	
☐			$	$	$	
☐			$	$	$	
☐			$	$	$	
☐			$	$	$	
☐			$	$	$	
☐			$	$	$	
☐			$	$	$	
☐			$	$	$	
☐			$	$	$	
☐			$	$	$	
☐			$	$	$	
☐			$	$	$	
☐			$	$	$	
☐			$	$	$	
☐			$	$	$	
☐			$	$	$	
☐			$	$	$	
☐			$	$	$	
☐			$	$	$	
☐			$	$	$	
☐			$	$	$	
☐			$	$	$	
☐			$	$	$	
☐			$	$	$	
	TOTAL		$	$	$	

BILL PAYMENTS TRACKER

MONTH: /

PAID	BILL	DUE DATE	AMT DUE	AMT PAID	UNPAID BALANCE	NOTE
☐			$	$	$	
☐			$	$	$	
☐			$	$	$	
☐			$	$	$	
☐			$	$	$	
☐			$	$	$	
☐			$	$	$	
☐			$	$	$	
☐			$	$	$	
☐			$	$	$	
☐			$	$	$	
☐			$	$	$	
☐			$	$	$	
☐			$	$	$	
☐			$	$	$	
☐			$	$	$	
☐			$	$	$	
☐			$	$	$	
☐			$	$	$	
☐			$	$	$	
☐			$	$	$	
☐			$	$	$	
☐			$	$	$	
☐			$	$	$	
☐			$	$	$	
☐			$	$	$	
☐			$	$	$	
☐			$	$	$	
☐			$	$	$	
	TOTAL		$	$	$	

BILL PAYMENTS TRACKER

MONTH: /

PAID	BILL	DUE DATE	AMT DUE	AMT PAID	UNPAID BALANCE	NOTE
☐			$	$	$	
☐			$	$	$	
☐			$	$	$	
☐			$	$	$	
☐			$	$	$	
☐			$	$	$	
☐			$	$	$	
☐			$	$	$	
☐			$	$	$	
☐			$	$	$	
☐			$	$	$	
☐			$	$	$	
☐			$	$	$	
☐			$	$	$	
☐			$	$	$	
☐			$	$	$	
☐			$	$	$	
☐			$	$	$	
☐			$	$	$	
☐			$	$	$	
☐			$	$	$	
☐			$	$	$	
☐			$	$	$	
☐			$	$	$	
☐			$	$	$	
☐			$	$	$	
☐			$	$	$	
		TOTAL	$	$	$	

BILL PAYMENTS TRACKER

MONTH: /

PAID	BILL	DUE DATE	AMT DUE	AMT PAID	UNPAID BALANCE	NOTE
☐			$	$	$	
☐			$	$	$	
☐			$	$	$	
☐			$	$	$	
☐			$	$	$	
☐			$	$	$	
☐			$	$	$	
☐			$	$	$	
☐			$	$	$	
☐			$	$	$	
☐			$	$	$	
☐			$	$	$	
☐			$	$	$	
☐			$	$	$	
☐			$	$	$	
☐			$	$	$	
☐			$	$	$	
☐			$	$	$	
☐			$	$	$	
☐			$	$	$	
☐			$	$	$	
☐			$	$	$	
☐			$	$	$	
☐			$	$	$	
☐			$	$	$	
☐			$	$	$	
☐			$	$	$	
☐			$	$	$	
		TOTAL	$	$	$	

BILL PAYMENTS TRACKER

MONTH: _____ / _____

PAID	BILL	DUE DATE	AMT DUE	AMT PAID	UNPAID BALANCE	NOTE
☐			$	$	$	
☐			$	$	$	
☐			$	$	$	
☐			$	$	$	
☐			$	$	$	
☐			$	$	$	
☐			$	$	$	
☐			$	$	$	
☐			$	$	$	
☐			$	$	$	
☐			$	$	$	
☐			$	$	$	
☐			$	$	$	
☐			$	$	$	
☐			$	$	$	
☐			$	$	$	
☐			$	$	$	
☐			$	$	$	
☐			$	$	$	
☐			$	$	$	
☐			$	$	$	
☐			$	$	$	
☐			$	$	$	
☐			$	$	$	
☐			$	$	$	
☐			$	$	$	
☐			$	$	$	
☐			$	$	$	
☐			$	$	$	
	TOTAL		$	$	$	

BILL PAYMENTS TRACKER

MONTH: ____ / ____

PAID	BILL	DUE DATE	AMT DUE	AMT PAID	UNPAID BALANCE	NOTE
☐			$	$	$	
☐			$	$	$	
☐			$	$	$	
☐			$	$	$	
☐			$	$	$	
☐			$	$	$	
☐			$	$	$	
☐			$	$	$	
☐			$	$	$	
☐			$	$	$	
☐			$	$	$	
☐			$	$	$	
☐			$	$	$	
☐			$	$	$	
☐			$	$	$	
☐			$	$	$	
☐			$	$	$	
☐			$	$	$	
☐			$	$	$	
☐			$	$	$	
☐			$	$	$	
☐			$	$	$	
☐			$	$	$	
☐			$	$	$	
☐			$	$	$	
☐			$	$	$	
☐			$	$	$	
☐			$	$	$	
		TOTAL	$	$	$	

BILL PAYMENTS TRACKER

MONTH: _______ / _______

PAID	BILL	DUE DATE	AMT DUE	AMT PAID	UNPAID BALANCE	NOTE
☐			$	$	$	
☐			$	$	$	
☐			$	$	$	
☐			$	$	$	
☐			$	$	$	
☐			$	$	$	
☐			$	$	$	
☐			$	$	$	
☐			$	$	$	
☐			$	$	$	
☐			$	$	$	
☐			$	$	$	
☐			$	$	$	
☐			$	$	$	
☐			$	$	$	
☐			$	$	$	
☐			$	$	$	
☐			$	$	$	
☐			$	$	$	
☐			$	$	$	
☐			$	$	$	
☐			$	$	$	
☐			$	$	$	
☐			$	$	$	
☐			$	$	$	
☐			$	$	$	
☐			$	$	$	
		TOTAL	$	$	$	

BILL PAYMENTS TRACKER

MONTH: /

PAID	BILL	DUE DATE	AMT DUE	AMT PAID	UNPAID BALANCE	NOTE
☐			$	$	$	
☐			$	$	$	
☐			$	$	$	
☐			$	$	$	
☐			$	$	$	
☐			$	$	$	
☐			$	$	$	
☐			$	$	$	
☐			$	$	$	
☐			$	$	$	
☐			$	$	$	
☐			$	$	$	
☐			$	$	$	
☐			$	$	$	
☐			$	$	$	
☐			$	$	$	
☐			$	$	$	
☐			$	$	$	
☐			$	$	$	
☐			$	$	$	
☐			$	$	$	
☐			$	$	$	
☐			$	$	$	
☐			$	$	$	
☐			$	$	$	
☐			$	$	$	
☐			$	$	$	
☐			$	$	$	
	TOTAL		$	$	$	

BILL PAYMENTS TRACKER

MONTH: /

PAID	BILL	DUE DATE	AMT DUE	AMT PAID	UNPAID BALANCE	NOTE
☐			$	$	$	
☐			$	$	$	
☐			$	$	$	
☐			$	$	$	
☐			$	$	$	
☐			$	$	$	
☐			$	$	$	
☐			$	$	$	
☐			$	$	$	
☐			$	$	$	
☐			$	$	$	
☐			$	$	$	
☐			$	$	$	
☐			$	$	$	
☐			$	$	$	
☐			$	$	$	
☐			$	$	$	
☐			$	$	$	
☐			$	$	$	
☐			$	$	$	
☐			$	$	$	
☐			$	$	$	
☐			$	$	$	
☐			$	$	$	
☐			$	$	$	
☐			$	$	$	
☐			$	$	$	
☐			$	$	$	
		TOTAL	$	$	$	

BILL PAYMENTS TRACKER

MONTH: /

PAID	BILL	DUE DATE	AMT DUE	AMT PAID	UNPAID BALANCE	NOTE
☐			$	$	$	
☐			$	$	$	
☐			$	$	$	
☐			$	$	$	
☐			$	$	$	
☐			$	$	$	
☐			$	$	$	
☐			$	$	$	
☐			$	$	$	
☐			$	$	$	
☐			$	$	$	
☐			$	$	$	
☐			$	$	$	
☐			$	$	$	
☐			$	$	$	
☐			$	$	$	
☐			$	$	$	
☐			$	$	$	
☐			$	$	$	
☐			$	$	$	
☐			$	$	$	
☐			$	$	$	
☐			$	$	$	
☐			$	$	$	
☐			$	$	$	
☐			$	$	$	
☐			$	$	$	
☐			$	$	$	
☐			$	$	$	
	TOTAL		$	$	$	

BILL PAYMENTS TRACKER

MONTH: /

PAID	BILL	DUE DATE	AMT DUE	AMT PAID	UNPAID BALANCE	NOTE
☐			$	$	$	
☐			$	$	$	
☐			$	$	$	
☐			$	$	$	
☐			$	$	$	
☐			$	$	$	
☐			$	$	$	
☐			$	$	$	
☐			$	$	$	
☐			$	$	$	
☐			$	$	$	
☐			$	$	$	
☐			$	$	$	
☐			$	$	$	
☐			$	$	$	
☐			$	$	$	
☐			$	$	$	
☐			$	$	$	
☐			$	$	$	
☐			$	$	$	
☐			$	$	$	
☐			$	$	$	
☐			$	$	$	
☐			$	$	$	
☐			$	$	$	
☐			$	$	$	
		TOTAL	$	$	$	

BILL PAYMENTS TRACKER

MONTH: _____ / _____

PAID	BILL	DUE DATE	AMT DUE	AMT PAID	UNPAID BALANCE	NOTE
☐			$	$	$	
☐			$	$	$	
☐			$	$	$	
☐			$	$	$	
☐			$	$	$	
☐			$	$	$	
☐			$	$	$	
☐			$	$	$	
☐			$	$	$	
☐			$	$	$	
☐			$	$	$	
☐			$	$	$	
☐			$	$	$	
☐			$	$	$	
☐			$	$	$	
☐			$	$	$	
☐			$	$	$	
☐			$	$	$	
☐			$	$	$	
☐			$	$	$	
☐			$	$	$	
☐			$	$	$	
☐			$	$	$	
☐			$	$	$	
☐			$	$	$	
☐			$	$	$	
☐			$	$	$	
☐			$	$	$	
		TOTAL	$	$	$	

BILL PAYMENTS TRACKER

MONTH: _____ / _____

PAID	BILL	DUE DATE	AMT DUE	AMT PAID	UNPAID BALANCE	NOTE
☐			$	$	$	
☐			$	$	$	
☐			$	$	$	
☐			$	$	$	
☐			$	$	$	
☐			$	$	$	
☐			$	$	$	
☐			$	$	$	
☐			$	$	$	
☐			$	$	$	
☐			$	$	$	
☐			$	$	$	
☐			$	$	$	
☐			$	$	$	
☐			$	$	$	
☐			$	$	$	
☐			$	$	$	
☐			$	$	$	
☐			$	$	$	
☐			$	$	$	
☐			$	$	$	
☐			$	$	$	
☐			$	$	$	
☐			$	$	$	
☐			$	$	$	
☐			$	$	$	
☐			$	$	$	
☐			$	$	$	
☐			$	$	$	
☐			$	$	$	
		TOTAL	$	$	$	

BILL PAYMENTS TRACKER

MONTH: /

PAID	BILL	DUE DATE	AMT DUE	AMT PAID	UNPAID BALANCE	NOTE
☐			$	$	$	
☐			$	$	$	
☐			$	$	$	
☐			$	$	$	
☐			$	$	$	
☐			$	$	$	
☐			$	$	$	
☐			$	$	$	
☐			$	$	$	
☐			$	$	$	
☐			$	$	$	
☐			$	$	$	
☐			$	$	$	
☐			$	$	$	
☐			$	$	$	
☐			$	$	$	
☐			$	$	$	
☐			$	$	$	
☐			$	$	$	
☐			$	$	$	
☐			$	$	$	
☐			$	$	$	
☐			$	$	$	
☐			$	$	$	
☐			$	$	$	
☐			$	$	$	
☐			$	$	$	
☐			$	$	$	
		TOTAL	$	$	$	

BILL PAYMENTS TRACKER

MONTH: /

PAID	BILL	DUE DATE	AMT DUE	AMT PAID	UNPAID BALANCE	NOTE
☐			$	$	$	
☐			$	$	$	
☐			$	$	$	
☐			$	$	$	
☐			$	$	$	
☐			$	$	$	
☐			$	$	$	
☐			$	$	$	
☐			$	$	$	
☐			$	$	$	
☐			$	$	$	
☐			$	$	$	
☐			$	$	$	
☐			$	$	$	
☐			$	$	$	
☐			$	$	$	
☐			$	$	$	
☐			$	$	$	
☐			$	$	$	
☐			$	$	$	
☐			$	$	$	
☐			$	$	$	
☐			$	$	$	
☐			$	$	$	
☐			$	$	$	
☐			$	$	$	
☐			$	$	$	
☐			$	$	$	
☐			$	$	$	
		TOTAL	$	$	$	

BILL PAYMENTS TRACKER

MONTH: ___ / ___

PAID	BILL	DUE DATE	AMT DUE	AMT PAID	UNPAID BALANCE	NOTE
☐			$	$	$	
☐			$	$	$	
☐			$	$	$	
☐			$	$	$	
☐			$	$	$	
☐			$	$	$	
☐			$	$	$	
☐			$	$	$	
☐			$	$	$	
☐			$	$	$	
☐			$	$	$	
☐			$	$	$	
☐			$	$	$	
☐			$	$	$	
☐			$	$	$	
☐			$	$	$	
☐			$	$	$	
☐			$	$	$	
☐			$	$	$	
☐			$	$	$	
☐			$	$	$	
☐			$	$	$	
☐			$	$	$	
☐			$	$	$	
☐			$	$	$	
☐			$	$	$	
☐			$	$	$	
☐			$	$	$	
		TOTAL	$	$	$	

BILL PAYMENTS TRACKER

MONTH: ___ / ___

PAID	BILL	DUE DATE	AMT DUE	AMT PAID	UNPAID BALANCE	NOTE
☐			$	$	$	
☐			$	$	$	
☐			$	$	$	
☐			$	$	$	
☐			$	$	$	
☐			$	$	$	
☐			$	$	$	
☐			$	$	$	
☐			$	$	$	
☐			$	$	$	
☐			$	$	$	
☐			$	$	$	
☐			$	$	$	
☐			$	$	$	
☐			$	$	$	
☐			$	$	$	
☐			$	$	$	
☐			$	$	$	
☐			$	$	$	
☐			$	$	$	
☐			$	$	$	
☐			$	$	$	
☐			$	$	$	
☐			$	$	$	
☐			$	$	$	
☐			$	$	$	
☐			$	$	$	
		TOTAL	$	$	$	

BILL PAYMENTS TRACKER

MONTH: ___ / ___

PAID	BILL	DUE DATE	AMT DUE	AMT PAID	UNPAID BALANCE	NOTE
☐			$	$	$	
☐			$	$	$	
☐			$	$	$	
☐			$	$	$	
☐			$	$	$	
☐			$	$	$	
☐			$	$	$	
☐			$	$	$	
☐			$	$	$	
☐			$	$	$	
☐			$	$	$	
☐			$	$	$	
☐			$	$	$	
☐			$	$	$	
☐			$	$	$	
☐			$	$	$	
☐			$	$	$	
☐			$	$	$	
☐			$	$	$	
☐			$	$	$	
☐			$	$	$	
☐			$	$	$	
☐			$	$	$	
☐			$	$	$	
☐			$	$	$	
☐			$	$	$	
☐			$	$	$	
☐			$	$	$	
		TOTAL	$	$	$	

BILL PAYMENTS TRACKER

MONTH: /

PAID	BILL	DUE DATE	AMT DUE	AMT PAID	UNPAID BALANCE	NOTE
☐			$	$	$	
☐			$	$	$	
☐			$	$	$	
☐			$	$	$	
☐			$	$	$	
☐			$	$	$	
☐			$	$	$	
☐			$	$	$	
☐			$	$	$	
☐			$	$	$	
☐			$	$	$	
☐			$	$	$	
☐			$	$	$	
☐			$	$	$	
☐			$	$	$	
☐			$	$	$	
☐			$	$	$	
☐			$	$	$	
☐			$	$	$	
☐			$	$	$	
☐			$	$	$	
☐			$	$	$	
☐			$	$	$	
☐			$	$	$	
☐			$	$	$	
☐			$	$	$	
☐			$	$	$	
☐			$	$	$	
☐			$	$	$	
		TOTAL	$	$	$	

BILL PAYMENTS TRACKER

MONTH: /

PAID	BILL	DUE DATE	AMT DUE	AMT PAID	UNPAID BALANCE	NOTE
☐			$	$	$	
☐			$	$	$	
☐			$	$	$	
☐			$	$	$	
☐			$	$	$	
☐			$	$	$	
☐			$	$	$	
☐			$	$	$	
☐			$	$	$	
☐			$	$	$	
☐			$	$	$	
☐			$	$	$	
☐			$	$	$	
☐			$	$	$	
☐			$	$	$	
☐			$	$	$	
☐			$	$	$	
☐			$	$	$	
☐			$	$	$	
☐			$	$	$	
☐			$	$	$	
☐			$	$	$	
☐			$	$	$	
☐			$	$	$	
☐			$	$	$	
☐			$	$	$	
☐			$	$	$	
☐			$	$	$	
		TOTAL	$	$	$	

BILL PAYMENTS TRACKER

MONTH: _____ / _____

PAID	BILL	DUE DATE	AMT DUE	AMT PAID	UNPAID BALANCE	NOTE
☐			$	$	$	
☐			$	$	$	
☐			$	$	$	
☐			$	$	$	
☐			$	$	$	
☐			$	$	$	
☐			$	$	$	
☐			$	$	$	
☐			$	$	$	
☐			$	$	$	
☐			$	$	$	
☐			$	$	$	
☐			$	$	$	
☐			$	$	$	
☐			$	$	$	
☐			$	$	$	
☐			$	$	$	
☐			$	$	$	
☐			$	$	$	
☐			$	$	$	
☐			$	$	$	
☐			$	$	$	
☐			$	$	$	
☐			$	$	$	
☐			$	$	$	
☐			$	$	$	
☐			$	$	$	
☐			$	$	$	
☐			$	$	$	
		TOTAL	$	$	$	

BILL PAYMENTS TRACKER

MONTH: _____ / _____

PAID	BILL	DUE DATE	AMT DUE	AMT PAID	UNPAID BALANCE	NOTE
☐			$	$	$	
☐			$	$	$	
☐			$	$	$	
☐			$	$	$	
☐			$	$	$	
☐			$	$	$	
☐			$	$	$	
☐			$	$	$	
☐			$	$	$	
☐			$	$	$	
☐			$	$	$	
☐			$	$	$	
☐			$	$	$	
☐			$	$	$	
☐			$	$	$	
☐			$	$	$	
☐			$	$	$	
☐			$	$	$	
☐			$	$	$	
☐			$	$	$	
☐			$	$	$	
☐			$	$	$	
☐			$	$	$	
☐			$	$	$	
☐			$	$	$	
☐			$	$	$	
☐			$	$	$	
☐			$	$	$	
☐			$	$	$	
TOTAL			$	$	$	

BILL PAYMENTS TRACKER

MONTH: /

PAID	BILL	DUE DATE	AMT DUE	AMT PAID	UNPAID BALANCE	NOTE
☐			$	$	$	
☐			$	$	$	
☐			$	$	$	
☐			$	$	$	
☐			$	$	$	
☐			$	$	$	
☐			$	$	$	
☐			$	$	$	
☐			$	$	$	
☐			$	$	$	
☐			$	$	$	
☐			$	$	$	
☐			$	$	$	
☐			$	$	$	
☐			$	$	$	
☐			$	$	$	
☐			$	$	$	
☐			$	$	$	
☐			$	$	$	
☐			$	$	$	
☐			$	$	$	
☐			$	$	$	
☐			$	$	$	
☐			$	$	$	
☐			$	$	$	
☐			$	$	$	
☐			$	$	$	
☐			$	$	$	
☐			$	$	$	
		TOTAL	$	$	$	

BILL PAYMENTS TRACKER

MONTH: ___ / ___

PAID	BILL	DUE DATE	AMT DUE	AMT PAID	UNPAID BALANCE	NOTE
☐			$	$	$	
☐			$	$	$	
☐			$	$	$	
☐			$	$	$	
☐			$	$	$	
☐			$	$	$	
☐			$	$	$	
☐			$	$	$	
☐			$	$	$	
☐			$	$	$	
☐			$	$	$	
☐			$	$	$	
☐			$	$	$	
☐			$	$	$	
☐			$	$	$	
☐			$	$	$	
☐			$	$	$	
☐			$	$	$	
☐			$	$	$	
☐			$	$	$	
☐			$	$	$	
☐			$	$	$	
☐			$	$	$	
☐			$	$	$	
☐			$	$	$	
☐			$	$	$	
☐			$	$	$	
☐			$	$	$	
☐			$	$	$	
☐			$	$	$	
		TOTAL	$	$	$	

BILL PAYMENTS TRACKER

MONTH: ___ / ___

PAID	BILL	DUE DATE	AMT DUE	AMT PAID	UNPAID BALANCE	NOTE
☐			$	$	$	
☐			$	$	$	
☐			$	$	$	
☐			$	$	$	
☐			$	$	$	
☐			$	$	$	
☐			$	$	$	
☐			$	$	$	
☐			$	$	$	
☐			$	$	$	
☐			$	$	$	
☐			$	$	$	
☐			$	$	$	
☐			$	$	$	
☐			$	$	$	
☐			$	$	$	
☐			$	$	$	
☐			$	$	$	
☐			$	$	$	
☐			$	$	$	
☐			$	$	$	
☐			$	$	$	
☐			$	$	$	
☐			$	$	$	
☐			$	$	$	
☐			$	$	$	
☐			$	$	$	
☐			$	$	$	
☐			$	$	$	
☐			$	$	$	
	TOTAL		$	$	$	

BILL PAYMENTS TRACKER

MONTH: _____ / _____

PAID	BILL	DUE DATE	AMT DUE	AMT PAID	UNPAID BALANCE	NOTE
☐			$	$	$	
☐			$	$	$	
☐			$	$	$	
☐			$	$	$	
☐			$	$	$	
☐			$	$	$	
☐			$	$	$	
☐			$	$	$	
☐			$	$	$	
☐			$	$	$	
☐			$	$	$	
☐			$	$	$	
☐			$	$	$	
☐			$	$	$	
☐			$	$	$	
☐			$	$	$	
☐			$	$	$	
☐			$	$	$	
☐			$	$	$	
☐			$	$	$	
☐			$	$	$	
☐			$	$	$	
☐			$	$	$	
☐			$	$	$	
☐			$	$	$	
☐			$	$	$	
☐			$	$	$	
☐			$	$	$	
		TOTAL	$	$	$	

BILL PAYMENTS TRACKER

MONTH: _____ / _____

PAID	BILL	DUE DATE	AMT DUE	AMT PAID	UNPAID BALANCE	NOTE
☐			$	$	$	
☐			$	$	$	
☐			$	$	$	
☐			$	$	$	
☐			$	$	$	
☐			$	$	$	
☐			$	$	$	
☐			$	$	$	
☐			$	$	$	
☐			$	$	$	
☐			$	$	$	
☐			$	$	$	
☐			$	$	$	
☐			$	$	$	
☐			$	$	$	
☐			$	$	$	
☐			$	$	$	
☐			$	$	$	
☐			$	$	$	
☐			$	$	$	
☐			$	$	$	
☐			$	$	$	
☐			$	$	$	
☐			$	$	$	
☐			$	$	$	
☐			$	$	$	
☐			$	$	$	
☐			$	$	$	
☐			$	$	$	
		TOTAL	$	$	$	

BILL PAYMENTS TRACKER

MONTH: ______ / ______

PAID	BILL	DUE DATE	AMT DUE	AMT PAID	UNPAID BALANCE	NOTE
☐			$	$	$	
☐			$	$	$	
☐			$	$	$	
☐			$	$	$	
☐			$	$	$	
☐			$	$	$	
☐			$	$	$	
☐			$	$	$	
☐			$	$	$	
☐			$	$	$	
☐			$	$	$	
☐			$	$	$	
☐			$	$	$	
☐			$	$	$	
☐			$	$	$	
☐			$	$	$	
☐			$	$	$	
☐			$	$	$	
☐			$	$	$	
☐			$	$	$	
☐			$	$	$	
☐			$	$	$	
☐			$	$	$	
☐			$	$	$	
☐			$	$	$	
☐			$	$	$	
☐			$	$	$	
☐			$	$	$	
☐			$	$	$	
☐			$	$	$	
	TOTAL		$	$	$	

BILL PAYMENTS TRACKER

MONTH: /

PAID	BILL	DUE DATE	AMT DUE	AMT PAID	UNPAID BALANCE	NOTE
☐			$	$	$	
☐			$	$	$	
☐			$	$	$	
☐			$	$	$	
☐			$	$	$	
☐			$	$	$	
☐			$	$	$	
☐			$	$	$	
☐			$	$	$	
☐			$	$	$	
☐			$	$	$	
☐			$	$	$	
☐			$	$	$	
☐			$	$	$	
☐			$	$	$	
☐			$	$	$	
☐			$	$	$	
☐			$	$	$	
☐			$	$	$	
☐			$	$	$	
☐			$	$	$	
☐			$	$	$	
☐			$	$	$	
☐			$	$	$	
☐			$	$	$	
☐			$	$	$	
☐			$	$	$	
		TOTAL	$	$	$	

BILL PAYMENTS TRACKER

MONTH: _____ / _____

PAID	BILL	DUE DATE	AMT DUE	AMT PAID	UNPAID BALANCE	NOTE
☐			$	$	$	
☐			$	$	$	
☐			$	$	$	
☐			$	$	$	
☐			$	$	$	
☐			$	$	$	
☐			$	$	$	
☐			$	$	$	
☐			$	$	$	
☐			$	$	$	
☐			$	$	$	
☐			$	$	$	
☐			$	$	$	
☐			$	$	$	
☐			$	$	$	
☐			$	$	$	
☐			$	$	$	
☐			$	$	$	
☐			$	$	$	
☐			$	$	$	
☐			$	$	$	
☐			$	$	$	
☐			$	$	$	
☐			$	$	$	
☐			$	$	$	
☐			$	$	$	
☐			$	$	$	
☐			$	$	$	
☐			$	$	$	
☐			$	$	$	
		TOTAL	$	$	$	

BILL PAYMENTS TRACKER

MONTH: /

PAID	BILL	DUE DATE	AMT DUE	AMT PAID	UNPAID BALANCE	NOTE
☐			$	$	$	
☐			$	$	$	
☐			$	$	$	
☐			$	$	$	
☐			$	$	$	
☐			$	$	$	
☐			$	$	$	
☐			$	$	$	
☐			$	$	$	
☐			$	$	$	
☐			$	$	$	
☐			$	$	$	
☐			$	$	$	
☐			$	$	$	
☐			$	$	$	
☐			$	$	$	
☐			$	$	$	
☐			$	$	$	
☐			$	$	$	
☐			$	$	$	
☐			$	$	$	
☐			$	$	$	
☐			$	$	$	
☐			$	$	$	
☐			$	$	$	
☐			$	$	$	
☐			$	$	$	
☐			$	$	$	
☐			$	$	$	
		TOTAL	$	$	$	

BILL PAYMENTS TRACKER

MONTH: /

PAID	BILL	DUE DATE	AMT DUE	AMT PAID	UNPAID BALANCE	NOTE
☐			$	$	$	
☐			$	$	$	
☐			$	$	$	
☐			$	$	$	
☐			$	$	$	
☐			$	$	$	
☐			$	$	$	
☐			$	$	$	
☐			$	$	$	
☐			$	$	$	
☐			$	$	$	
☐			$	$	$	
☐			$	$	$	
☐			$	$	$	
☐			$	$	$	
☐			$	$	$	
☐			$	$	$	
☐			$	$	$	
☐			$	$	$	
☐			$	$	$	
☐			$	$	$	
☐			$	$	$	
☐			$	$	$	
☐			$	$	$	
☐			$	$	$	
☐			$	$	$	
☐			$	$	$	
☐			$	$	$	
☐			$	$	$	
		TOTAL	$	$	$	

BILL PAYMENTS TRACKER

MONTH: ___ / ___

PAID	BILL	DUE DATE	AMT DUE	AMT PAID	UNPAID BALANCE	NOTE
☐			$	$	$	
☐			$	$	$	
☐			$	$	$	
☐			$	$	$	
☐			$	$	$	
☐			$	$	$	
☐			$	$	$	
☐			$	$	$	
☐			$	$	$	
☐			$	$	$	
☐			$	$	$	
☐			$	$	$	
☐			$	$	$	
☐			$	$	$	
☐			$	$	$	
☐			$	$	$	
☐			$	$	$	
☐			$	$	$	
☐			$	$	$	
☐			$	$	$	
☐			$	$	$	
☐			$	$	$	
☐			$	$	$	
☐			$	$	$	
☐			$	$	$	
☐			$	$	$	
☐			$	$	$	
☐			$	$	$	
☐			$	$	$	
		TOTAL	$	$	$	

BILL PAYMENTS TRACKER

MONTH: /

PAID	BILL	DUE DATE	AMT DUE	AMT PAID	UNPAID BALANCE	NOTE
☐			$	$	$	
☐			$	$	$	
☐			$	$	$	
☐			$	$	$	
☐			$	$	$	
☐			$	$	$	
☐			$	$	$	
☐			$	$	$	
☐			$	$	$	
☐			$	$	$	
☐			$	$	$	
☐			$	$	$	
☐			$	$	$	
☐			$	$	$	
☐			$	$	$	
☐			$	$	$	
☐			$	$	$	
☐			$	$	$	
☐			$	$	$	
☐			$	$	$	
☐			$	$	$	
☐			$	$	$	
☐			$	$	$	
☐			$	$	$	
☐			$	$	$	
☐			$	$	$	
☐			$	$	$	
		TOTAL	$	$	$	

BILL PAYMENTS TRACKER

MONTH: /

PAID	BILL	DUE DATE	AMT DUE	AMT PAID	UNPAID BALANCE	NOTE
☐			$	$	$	
☐			$	$	$	
☐			$	$	$	
☐			$	$	$	
☐			$	$	$	
☐			$	$	$	
☐			$	$	$	
☐			$	$	$	
☐			$	$	$	
☐			$	$	$	
☐			$	$	$	
☐			$	$	$	
☐			$	$	$	
☐			$	$	$	
☐			$	$	$	
☐			$	$	$	
☐			$	$	$	
☐			$	$	$	
☐			$	$	$	
☐			$	$	$	
☐			$	$	$	
☐			$	$	$	
☐			$	$	$	
☐			$	$	$	
☐			$	$	$	
☐			$	$	$	
☐			$	$	$	
☐			$	$	$	
☐			$	$	$	
☐			$	$	$	
☐			$	$	$	
☐			$	$	$	
		TOTAL	$	$	$	

BILL PAYMENTS TRACKER

MONTH: ________ / ________

PAID	BILL	DUE DATE	AMT DUE	AMT PAID	UNPAID BALANCE	NOTE
☐			$	$	$	
☐			$	$	$	
☐			$	$	$	
☐			$	$	$	
☐			$	$	$	
☐			$	$	$	
☐			$	$	$	
☐			$	$	$	
☐			$	$	$	
☐			$	$	$	
☐			$	$	$	
☐			$	$	$	
☐			$	$	$	
☐			$	$	$	
☐			$	$	$	
☐			$	$	$	
☐			$	$	$	
☐			$	$	$	
☐			$	$	$	
☐			$	$	$	
☐			$	$	$	
☐			$	$	$	
☐			$	$	$	
☐			$	$	$	
☐			$	$	$	
☐			$	$	$	
☐			$	$	$	
☐			$	$	$	
		TOTAL	$	$	$	

BILL PAYMENTS TRACKER

MONTH: /

PAID	BILL	DUE DATE	AMT DUE	AMT PAID	UNPAID BALANCE	NOTE
☐			$	$	$	
☐			$	$	$	
☐			$	$	$	
☐			$	$	$	
☐			$	$	$	
☐			$	$	$	
☐			$	$	$	
☐			$	$	$	
☐			$	$	$	
☐			$	$	$	
☐			$	$	$	
☐			$	$	$	
☐			$	$	$	
☐			$	$	$	
☐			$	$	$	
☐			$	$	$	
☐			$	$	$	
☐			$	$	$	
☐			$	$	$	
☐			$	$	$	
☐			$	$	$	
☐			$	$	$	
☐			$	$	$	
☐			$	$	$	
☐			$	$	$	
☐			$	$	$	
☐			$	$	$	
☐			$	$	$	
☐			$	$	$	
		TOTAL	$	$	$	

<table>
<tr><td colspan="8" align="center"><h1>BILL PAYMENTS TRACKER</h1></td><td>MONTH: /</td></tr>
</table>

PAID	BILL	DUE DATE	AMT DUE	AMT PAID	UNPAID BALANCE	NOTE
☐			$	$	$	
☐			$	$	$	
☐			$	$	$	
☐			$	$	$	
☐			$	$	$	
☐			$	$	$	
☐			$	$	$	
☐			$	$	$	
☐			$	$	$	
☐			$	$	$	
☐			$	$	$	
☐			$	$	$	
☐			$	$	$	
☐			$	$	$	
☐			$	$	$	
☐			$	$	$	
☐			$	$	$	
☐			$	$	$	
☐			$	$	$	
☐			$	$	$	
☐			$	$	$	
☐			$	$	$	
☐			$	$	$	
☐			$	$	$	
☐			$	$	$	
☐			$	$	$	
☐			$	$	$	
☐			$	$	$	
		TOTAL	$	$	$	

BILL PAYMENTS TRACKER

MONTH: /

PAID	BILL	DUE DATE	AMT DUE	AMT PAID	UNPAID BALANCE	NOTE
☐			$	$	$	
☐			$	$	$	
☐			$	$	$	
☐			$	$	$	
☐			$	$	$	
☐			$	$	$	
☐			$	$	$	
☐			$	$	$	
☐			$	$	$	
☐			$	$	$	
☐			$	$	$	
☐			$	$	$	
☐			$	$	$	
☐			$	$	$	
☐			$	$	$	
☐			$	$	$	
☐			$	$	$	
☐			$	$	$	
☐			$	$	$	
☐			$	$	$	
☐			$	$	$	
☐			$	$	$	
☐			$	$	$	
☐			$	$	$	
☐			$	$	$	
☐			$	$	$	
☐			$	$	$	
☐			$	$	$	
		TOTAL	$	$	$	

BILL PAYMENTS TRACKER

MONTH: ____ / ____

PAID	BILL	DUE DATE	AMT DUE	AMT PAID	UNPAID BALANCE	NOTE
☐			$	$	$	
☐			$	$	$	
☐			$	$	$	
☐			$	$	$	
☐			$	$	$	
☐			$	$	$	
☐			$	$	$	
☐			$	$	$	
☐			$	$	$	
☐			$	$	$	
☐			$	$	$	
☐			$	$	$	
☐			$	$	$	
☐			$	$	$	
☐			$	$	$	
☐			$	$	$	
☐			$	$	$	
☐			$	$	$	
☐			$	$	$	
☐			$	$	$	
☐			$	$	$	
☐			$	$	$	
☐			$	$	$	
☐			$	$	$	
☐			$	$	$	
☐			$	$	$	
☐			$	$	$	
☐			$	$	$	
☐			$	$	$	
		TOTAL	$	$	$	

BILL PAYMENTS TRACKER

MONTH: /

PAID	BILL	DUE DATE	AMT DUE	AMT PAID	UNPAID BALANCE	NOTE
☐			$	$	$	
☐			$	$	$	
☐			$	$	$	
☐			$	$	$	
☐			$	$	$	
☐			$	$	$	
☐			$	$	$	
☐			$	$	$	
☐			$	$	$	
☐			$	$	$	
☐			$	$	$	
☐			$	$	$	
☐			$	$	$	
☐			$	$	$	
☐			$	$	$	
☐			$	$	$	
☐			$	$	$	
☐			$	$	$	
☐			$	$	$	
☐			$	$	$	
☐			$	$	$	
☐			$	$	$	
☐			$	$	$	
☐			$	$	$	
☐			$	$	$	
☐			$	$	$	
☐			$	$	$	
☐			$	$	$	
		TOTAL	$	$	$	

BILL PAYMENTS TRACKER

MONTH: ______ / ______

PAID	BILL	DUE DATE	AMT DUE	AMT PAID	UNPAID BALANCE	NOTE
☐			$	$	$	
☐			$	$	$	
☐			$	$	$	
☐			$	$	$	
☐			$	$	$	
☐			$	$	$	
☐			$	$	$	
☐			$	$	$	
☐			$	$	$	
☐			$	$	$	
☐			$	$	$	
☐			$	$	$	
☐			$	$	$	
☐			$	$	$	
☐			$	$	$	
☐			$	$	$	
☐			$	$	$	
☐			$	$	$	
☐			$	$	$	
☐			$	$	$	
☐			$	$	$	
☐			$	$	$	
☐			$	$	$	
☐			$	$	$	
☐			$	$	$	
☐			$	$	$	
☐			$	$	$	
☐			$	$	$	
		TOTAL	$	$	$	

BILL PAYMENTS TRACKER

MONTH: /

PAID	BILL	DUE DATE	AMT DUE	AMT PAID	UNPAID BALANCE	NOTE
☐			$	$	$	
☐			$	$	$	
☐			$	$	$	
☐			$	$	$	
☐			$	$	$	
☐			$	$	$	
☐			$	$	$	
☐			$	$	$	
☐			$	$	$	
☐			$	$	$	
☐			$	$	$	
☐			$	$	$	
☐			$	$	$	
☐			$	$	$	
☐			$	$	$	
☐			$	$	$	
☐			$	$	$	
☐			$	$	$	
☐			$	$	$	
☐			$	$	$	
☐			$	$	$	
☐			$	$	$	
☐			$	$	$	
☐			$	$	$	
☐			$	$	$	
☐			$	$	$	
☐			$	$	$	
☐			$	$	$	
		TOTAL	$	$	$	

BILL PAYMENTS TRACKER

MONTH: _____ / _____

PAID	BILL	DUE DATE	AMT DUE	AMT PAID	UNPAID BALANCE	NOTE
☐			$	$	$	
☐			$	$	$	
☐			$	$	$	
☐			$	$	$	
☐			$	$	$	
☐			$	$	$	
☐			$	$	$	
☐			$	$	$	
☐			$	$	$	
☐			$	$	$	
☐			$	$	$	
☐			$	$	$	
☐			$	$	$	
☐			$	$	$	
☐			$	$	$	
☐			$	$	$	
☐			$	$	$	
☐			$	$	$	
☐			$	$	$	
☐			$	$	$	
☐			$	$	$	
☐			$	$	$	
☐			$	$	$	
☐			$	$	$	
☐			$	$	$	
☐			$	$	$	
☐			$	$	$	
☐			$	$	$	
	TOTAL		$	$	$	

BILL PAYMENTS TRACKER

MONTH: ______ / ______

PAID	BILL	DUE DATE	AMT DUE	AMT PAID	UNPAID BALANCE	NOTE
☐			$	$	$	
☐			$	$	$	
☐			$	$	$	
☐			$	$	$	
☐			$	$	$	
☐			$	$	$	
☐			$	$	$	
☐			$	$	$	
☐			$	$	$	
☐			$	$	$	
☐			$	$	$	
☐			$	$	$	
☐			$	$	$	
☐			$	$	$	
☐			$	$	$	
☐			$	$	$	
☐			$	$	$	
☐			$	$	$	
☐			$	$	$	
☐			$	$	$	
☐			$	$	$	
☐			$	$	$	
☐			$	$	$	
☐			$	$	$	
☐			$	$	$	
☐			$	$	$	
☐			$	$	$	
☐			$	$	$	
		TOTAL	$	$	$	